La criminologie en QCM

Le droit en QCM

La criminologie en QCM

Éric MATHIAS
Maître de conférences en sciences criminelles
à l'université Paris-Est Créteil
Avocat au barreau du Gers

ellipses

Du même auteur

- *Les Procureurs du Droit*, préf. M. Delmas-Marty, Paris, CNRS éditions, 1999.
- *Procédure pénale allemande, traduction du manuel d'E. Schlüchter*, Stuttgart, 2002.
- *Droit pénal général et procédure pénale*, Paris, Gualino éditeur, coll. « Annadroit », 2006.
- *La Responsabilité pénale*, Paris, Gualino éditeur, coll. « Abrégé illustré », 2005.
- *Termes de droit pénal et de procédure pénale*, Paris, Gualino éditeur, coll. « Glossaire », 2006.
- *Procédure pénale*, Paris, Bréal, 2011.
- *La Procédure pénale en QCM*, Paris, Ellipses, coll. « Le Droit en QCM », 2e éd., 2011.
- *Le Droit pénal en QCM*, Paris, Ellipses, coll. « Le Droit en QCM », 2e éd., 2011.

ISBN 978-2-7298-70492

32, rue Bargue 75740 Paris cedex 15

www.editions-ellipses.fr

QUESTIONS

Les pionniers de la criminologie

Physiognomonistes et phrénologues / École italienne / École française

1. Le terme de « criminologie » aurait été inventé par :

❑ **a.** Paul Topinard
❑ **b.** Eleonore Glück
❑ **c.** Raffaele Garofalo

2. Qui a écrit : « L'homme naît avec cet esprit de domination et de défense dont on ne peut être guéri que par le commerce avec les autres » ?

❑ **a.** Étienne de Greeff
❑ **b.** Jean Pinatel
❑ **c.** Bernard Mandeville

3. L'idée que la liberté ne constitue pas nécessairement le socle de la malfaisance est envisagée dès le XVIIIe siècle par :

❑ **a.** Joseph de Maistre
❑ **b.** Denis Diderot
❑ **c.** Julien Offray de la Mettrie

4. Le corps porterait les stigmates du crime — de sorte qu'il suffirait de savoir le scruter, le déchiffrer pour se prémunir de la criminalité. Cette conception est commune à :

❑ **a.** Cesare Lombroso
❑ **b.** Gabriel Tarde

- ❑ **c.** Johann Kaspar Lavater
- ❑ **d.** Émile Durkheim
- ❑ **e.** Daniel Lagache

5. Lavater est l'un des promoteurs de :

- ❑ **a.** la physiologie
- ❑ **b.** la phénoménologie
- ❑ **c.** la physiognomonie

6. Qui est l'auteur de cette citation : « Rien n'enlaidit autant l'homme que le vice, rien ne le rend aussi hideux que la scélératesse... Même si l'œil se présente comme admirable, intelligent, combiné avec une bouche fort belle et un nez court offrant timidité, néanmoins, on y saura immédiatement chaque fois qu'il s'y mêle de la simulation, de la friponnerie ou de la ruse. » ?

- ❑ **a.** Johann Kaspar Lavater
- ❑ **b.** Michel Foucault
- ❑ **c.** Cesare Beccaria

7. Gall a inventé :

- ❑ **a.** la néphrologie
- ❑ **b.** la phrénologie
- ❑ **c.** la phraséologie

8. Selon Gall, les personnes qui présentent une largeur crânienne en région temporale sont :

- ❑ **a.** des romantiques
- ❑ **b.** des escrocs
- ❑ **c.** des agresseurs sexuels

9. Gall considérait que la « bosse de l'assassin » se trouve immédiatement au-dessus de l'oreille.

❏ **a.** vrai ❏ **b.** faux

10. Cesare Lombroso était :

❏ **a.** juriste
❏ **b.** paléontologue
❏ **c.** médecin

11. L'ouvrage majeur de Cesare Lombroso s'intitule :

❏ **a.** *Le Criminel né*
❏ **b.** *L'Homme criminel*
❏ **c.** *L'Essence du crime*

12. Les considérations lombrosiennes s'appuient sur les avancées darwiniennes.

❏ **a.** vrai ❏ **b.** faux

13. Pour Lombroso, les tatouages dont sont porteurs les criminels traduisent leur insensibilité animale.

❏ **a.** vrai ❏ **b.** faux

14. Qui est l'auteur de la formule suivante : « La prostitution n'est que le côté féminin de la criminalité » ?

❏ **a.** Enrico Ferri
❏ **b.** Raffaele Garofalo
❏ **c.** Cesare Lombroso

15. Qui a écrit : « La société a les criminels qu'elle mérite » ?

❏ **a.** Marc Ancel
❏ **b.** Raymond Saleilles
❏ **c.** Adolphe Quetelet

16. Gabriel Tarde était juge d'instruction.

❏ **a.** vrai ❏ **b.** faux

17. Tarde reprend-il à son compte le postulat lombrosien selon lequel le crime serait un résidu de sauvagerie ?

❏ **a.** oui ❏ **b.** non

18. Dans son ouvrage intitulé *La Criminologie comparée* (1886), Tarde explique que la déviance est le fruit d'un progrès.

❏ **a.** vrai ❏ **b.** faux

19. À quel concept développé par Tarde la définition suivante s'applique-t-elle : « action à distance d'un esprit à un autre, qui consiste dans une reproduction quasi-automatique d'un cliché cérébral par la plaque sensible d'un autre cerveau » ?

❏ **a.** l'anomie
❏ **b.** l'imitation
❏ **c.** la pression

20. Qui a écrit : « C'est à une corporation industrielle que ressemblent les sociétés criminelles et pas le moins du monde à une tribu de sauvages » ?

❏ **a.** Gabriel Tarde
❏ **b.** Robert Merton
❏ **c.** Léonce Manouvrier

21. Pour Gabriel Tarde, l'imitation suppose :

❏ **a.** des contacts fréquents
❏ **b.** une communauté de pensée
❏ **c.** un sentiment d'admiration pour le délinquant

22. L'usage du vitriol — pour défigurer un amant volage ou une maîtresse — se répand en France à partir de 1875, plus exactement avec l'affaire de la veuve Gras laquelle avait elle-

même jeté de l'acide sulfurique au visage de son amant qui l'avait éconduit. Comment Tarde qualifie-t-il la répétition de ce type de comportement ?

❑ **a.** l'imitation-compassion
❑ **b.** l'imitation-coutume
❑ **c.** l'imitation-mode

23. Émile Durkheim était un :

❑ **a.** criminologue américain
❑ **b.** sociologue allemand
❑ **c.** psychologue français

24. Émile Durkheim est notamment l'auteur de l'ouvrage suivant :

❑ **a.** *L'Anomie du criminel*
❑ **b.** *Le Régicide*
❑ **c.** *Les Règles de la méthode sociologique*

25. Émile Durkheim a développé le concept de :

❑ **a.** l'anémie
❑ **b.** l'ennemi
❑ **c.** l'anomie

26. Selon Émile Durkheim, l'anomie consiste dans l'inadéquation des moyens individuels aux fins sociales.

❑ **a.** vrai ❑ **b.** faux

27. Pour Émile Durkheim, les transgressions procèdent :

❑ **a.** des perversions constitutionnelles du délinquant
❑ **b.** de l'incapacité du législateur à canaliser les passions
❑ **c.** de l'inadéquation de la réglementation

28. Émile Durkheim définit le crime en général comme une offense faite aux :

❑ **a.** états faibles de la conscience individuelle
❑ **b.** états forts de l'inconscience individuelle
❑ **c.** états forts de la conscience collective

29. Qui est l'auteur de la citation suivante : « Il ne faut pas dire qu'un acte froisse la conscience commune car il est criminel, mais qu'un acte est criminel parce qu'il offense la conscience commune » ?

❑ **a.** Gabriel Tarde
❑ **b.** Robert Merton
❑ **c.** Paul Topinard

30. Dans son ouvrage intitulé *Les Règles de la méthode sociologique*, Émile Durkheim explique que le crime est un phénomène social :

❑ **a.** contingent
❑ **b.** temporaire
❑ **c.** utile

31. Émile Durkheim considérait-il que le crime est un phénomène social intemporel ?

❑ **a.** oui ❑ **b.** non

32. Pour Émile Durkheim, le criminel est :

❑ **a.** un être insociable
❑ **b.** une sorte d'élément parasitaire
❑ **c.** un corps étranger inassimilable
❑ **d.** un agent régulier de la vie sociale

33. Pour Durkheim, la vie sociale est une source intarissable de forfaits et la criminalité un phénomène sans fin. Le sociologue illustre son propos en évoquant :

❑ **a.** une société à responsabilité illimitée

❑ **b.** une société de saints

❑ **c.** une société sans État

34. Au soutien de l'affirmation selon laquelle la criminalité est utile à la société, Émile Durkheim évoque le cas de :

❑ **a.** Socrate

❑ **b.** Sade

❑ **c.** Savonarole

35. Qui a écrit : « La société est le véritable milieu naturel de l'homme et ce sont ses lois qui le déterminent principalement » ?

❑ **a.** Jean-Jacques Rousseau

❑ **b.** Charles Darwin

❑ **c.** Émile Durkheim

❑ **d.** Gabriel Tarde

36. Alexandre Lacassagne était-il médecin légiste ?

❑ **a.** oui ❑ **b.** non

37. Les membres de l'École française considéraient que les aptitudes criminelles :

❑ **a.** procèdent de l'imitation

❑ **b.** résultent d'un apprentissage

❑ **c.** s'inscrivent dans le patrimoine héréditaire

38. Qui a écrit : « Le milieu est le bouillon de culture de la criminalité, le microbe étant le criminel, c'est-à-dire un élément qui n'a de valeur que le jour où il trouve le bouillon qui le fait fermenter » ?

❑ **a.** Enrico Ferri
❑ **b.** Alexandre Lacassagne
❑ **c.** Valentin Magnan
❑ **c.** Cesare Lombroso

39. Pour les membres de l'École française, le milieu exerce une influence non pas sur les actions de l'homme (lesquelles procéderaient d'une imitation, d'une culture, etc.), mais sur sa constitution.

❑ **a.** vrai ❑ **b.** faux

40. Qui est l'auteur de la formule suivante : « Le crime n'est pas plus un syndrome faisant partie de l'histoire des dégénérés qu'il ne fait partie de celle de la paralysie générale. Ici et là, il n'est qu'un accident » ?

❑ **a.** Charles Féré
❑ **b.** Mélanie Klein
❑ **c.** Valentin Magnan

41. Pour Magnan, les dégénérés ne sont pas nécessairement criminels, mais le deviennent plus souvent que les autres membres de la société car ils s'adaptent plus difficilement qu'eux aux conventions sociales.

❑ **a.** vrai ❑ **b.** faux

42. Magnan considère que si le dégénéré peut être criminel, et si le criminel peut être un dégénéré, il y a aussi des criminels qui ne présentent aucun des caractères de la dégénérescence.

❑ **a.** vrai ❑ **b.** faux

43. Magnan reprenait à son compte la croyance de Lombroso selon lequel « les criminels de toutes les races tendent vers un type uniforme qui est le résultat d'une dégénération morbide ».

❏ a. vrai ❏ b. faux

44. Qui a écrit : « Les impotents, les aliénés, les criminels ou les décadents de tout ordre doivent être considérés comme des déchets de l'adaptation, des invalides de la civilisation » ?

❏ a. Enrico Ferri
❏ b. Benito Mussolini
❏ c. Adolf Hitler
❏ d. Charles Féré

45. Pour Féré, le lien entre criminalité et dégénérescence est certain.

❏ a. vrai ❏ b. faux

46. Ernest Dupré considérait qu'il fallait substituer à la notion subjective de responsabilité pénale le concept objectif de nocivité.

❏ a. vrai ❏ b. faux

47. Selon Ernest Dupré, la criminalité est le fruit :

❏ a. d'une perversion constitutionnelle
❏ b. d'un instinct de perversion
❏ c. d'une perversion instinctive

48. Sous quelle expression Dupré désigne-t-il « l'ensemble des tendances constitutionnelles qui permettent à l'individu de s'adapter à la vie collective, de jouer son rôle au milieu de ses semblables et de se conformer, dans ses réactions habituelles, aux lois de la société » ?

❏ a. l'instinct de reproduction
❏ b. l'instinct de conservation

❑ c. l'instinct altruiste

49. Dupré préconise la mesure *ante delictum* de l'enfermement des pervers constitutionnels.

❑ a. vrai ❑ b. faux

50. Pour Dupré, le pervers constitutionnel est voué à la récidive.

❑ a. vrai ❑ b. faux

51. À la fin du XXe siècle, quelques psychiatres expliquent que la criminalité ne trouve pas son creuset exclusif dans la dégénérescence constitutionnelle de l'homme, mais procède de facteurs sociaux, d'un soubassement culturel. C'est le cas notamment de Kraft-Ebing dont le champ d'étude concernait :

❑ a. les meurtres entre époux

❑ b. les parricides

❑ c. les psychopathologies sexuelles

52. En 1913, l'Anglais Goring publie :

❑ a. *The English Conflict*

❑ b. *The English Addict*

❑ c. *The English Convict*

53. Goring montre que les thèses lombrosiennes sont :

❑ a. exactes

❑ b. vraisemblables

❑ c. erronées

54. L'Américain Goddard prétendait que la délinquance procède de la déficience mentale.

❑ a. vrai ❑ b. faux

Facteurs personnels du crime

Perspectives biologiques, psychanalytiques, phénoménologiques

55. L'ensemble morpho-caractériel constitué par la structure biologique de l'individu et ses tendances caractérielles (sa personnalité donc) induit un type de criminalité. Cette conception est partagée par :

❑ **a.** Ernst Kretschmer
❑ **b.** William Herbert Sheldon
❑ **c.** Donald Winnicott

56. L'approche de Kretschmer s'inscrit-elle dans le prolongement des théories déterministes italiennes ?

❑ **a.** oui ❑ **b.** non

57. Les caractéristiques physiques du leptosome tel que décrit par Kretchmer sont :

❑ **a.** une corpulence mince
❑ **b.** un visage émacié
❑ **c.** une pilosité rare

58. Le type morpho-caractériel de l'athlétique décrit par Kretschmer correspond au mésomorphe chez Sheldon.

❑ **a.** vrai ❑ **b.** faux

59. Le type pycnique décrit par Kretschmer correspond, dans le somatotype de Sheldon, à :

❏ **a.** l'ectomorphe
❏ **b.** l'endomorphe
❏ **c.** l'athlétique

60. Sheldon avait constaté une surreprésentation du type mésomorphe parmi les criminels.

❏ **a.** vrai ❏ **b.** faux

61. La « perfection ectomorphique » correspondait, selon Sheldon, à l'indice :

❏ **a.** 711
❏ **b.** 171
❏ **c.** 117

62. Les époux Glück ont développé une approche de la criminalité à dominante :

❏ **a.** sociologique
❏ **b.** psychanalytique
❏ **c.** biotypologique

63. Les époux Glück partagent les conclusions criminologiques de Sheldon.

❏ **a.** vrai ❏ **b.** faux

64. Selon le psychiatre suédois Olof Kinberg, notre personnalité serait formée des composantes suivantes :

❏ **a.** le noyau constitutionnel
❏ **b.** les variantes pathologiques éventuelles
❏ **c.** la fonction morale

65. Kinberg donne la définition suivante du concept de stabilité :

❑ **a.** niveau d'intelligence le plus élevé dont dispose l'individu
❑ **b.** quantité d'énergie cérébrale dont dispose l'individu
❑ **c.** aisance avec laquelle l'individu recouvre l'équilibre émotionnel
❑ **d.** degré d'unité fonctionnelle de l'activité du sujet

66. Selon Kinberg, le sujet altruiste, concret et maladroit présente le profil constitutionnel du :

❑ **a.** supersolide
❑ **b.** subcapable
❑ **c.** subvalide

67. Pour Kinberg, le sujet subcapable, supervalide, superstable et subsolide est le plus souvent un criminel en col blanc.

❑ **a.** vrai ❑ **b.** faux

68. À la fin du XXe siècle, des chercheurs se sont posés la question de savoir si les enfants issus de « parents biologiques délinquants » présentaient un risque accru de commettre des infractions.

❑ **a.** vrai ❑ **b.** faux

69. L'activité enzymatique de l'organisme influencerait l'agressivité du sujet.

❑ **a.** vrai ❑ **b.** faux

70. Le chercheur Lee Ellis soutient une approche neuroandrogénique de la délinquance.

❑ **a.** vrai ❑ **b.** faux

71. Les auteurs suivants considèrent que la criminalité procède de leviers inconscients :

❑ **a.** Edwin Sutherland

❑ b. Mélanie Klein
❑ c. Albert King Cohen

72. Mélanie Klein a développé le concept de :
❑ a. moi tyrannique
❑ b. surmoi despotique
❑ c. ça machiavélique

73. Selon Mélanie Klein, la tyrannie qu'inflige leur surmoi à certains patients les portent à revendiquer la punition.
❑ a. vrai ❑ b. faux

74. Donald Woods Winnicott (1896-1971) était pédiatre.
❑ a. vrai ❑ b. faux

75. Donald Winnicott a développé le concept de :
❑ a. l'objet décisionnel
❑ b. l'objet transitionnel
❑ c. l'objet fonctionnel

76. Qui est l'auteur de la citation suivante : « L'enfant voleur ne cherche pas l'objet qu'il prend, il cherche une personne ; il cherche sa mère, seulement il ne le sait pas » ?
❑ a. Mélanie Klein
❑ b. Françoise Dolto
❑ c. Donald Winnicott

77. Donald Winnicott considère que l'immaturité parentale induit chez l'adolescent un sentiment d'insécurité de nature à favoriser la délinquance.
❑ a. vrai ❑ b. faux

78. Qui est l'auteur de *Roots of Crime. Psychoanalytic Studies* publié en 1935 ?

❏ **a.** Robert Merton
❏ **b.** Franz Gabriel Alexander
❏ **c.** Lloyd Edgar Ohlin

79. Alexander considérait que la délinquance revêt une dimension héroïque.

❏ **a.** vrai ❏ **b.** faux

80. L'héroïsme délictuel du sujet est l'une des expressions de ce que Alexander appelle :

❏ **a.** le ça idéal
❏ **b.** le surmoi idéal
❏ **c.** le moi idéal

81. Étienne de Greeff était :

❏ **a.** médecin
❏ **b.** professeur de criminologie à l'université de Louvain
❏ **c.** hostile à l'approche métaphysique de la criminalité

82. Qui a écrit : « L'homme n'est jamais totalement décrit par son acte, même très grave, une partie seulement de sa personnalité s'y laisse traduire » ?

❏ **a.** Jean Pinatel
❏ **b.** Étienne de Greeff
❏ **c.** Maurice Garçon

83. Peut-on dire que de Greeff a révolutionné l'approche clinique du phénomène criminel ?

❏ **a.** oui ❏ **b.** non

84. À l'instar de ses prédécesseurs, de Greeff adopte une approche étiologique du crime.

❏ **a.** vrai ❏ **b.** faux

85. Selon de Greeff, le crime passionnel est le fait d'un individu en état de :

❏ **a.** transe
❏ **b.** choc
❏ **c.** crise

86. De Greeff considère que le processus d'assèchement affectif aboutit nécessairement à la crise.

❏ **a.** vrai ❏ **b.** faux

87. Jean Pinatel était un :

❏ **a.** psychiatre québécois
❏ **b.** psychologue belge
❏ **c.** juriste français

88. Les travaux de Pinatel s'inscrivent dans le sillage de ceux de :

❏ **a.** Émile Durkheim
❏ **b.** Edwin Lemert
❏ **c.** Étienne de Greeff

89. Pinatel considère que le passage à l'acte suppose un défaut d'inhibition qu'il appelle la labilité.

❏ **a.** vrai ❏ **b.** faux

90. Selon Pinatel, le passage à l'acte délictueux implique quatre traits de caractère lesquels interviennent dans l'ordre suivant :

❏ **a.** indifférence à autrui, labilité, égocentrisme, agressivité
❏ **b.** égocentrisme, labilité, agressivité, indifférence à autrui
❏ **c.** labilité, égocentrisme, indifférence à autrui, agressivité

91. Qui a écrit : « L'indifférence n'est pas le résultat d'un acte volontaire, c'est un état de fait, un état de silence affectif installé jusqu'au profond de l'être [...] et c'est sous le couvert de cette indifférence foncière que l'agression se déroule avec une absence étonnante d'émotion » ?

❑ **a.** Jean Pinatel

❑ **b.** Olof Kinberg

❑ **c.** Étienne de Greeff

Facteurs sociaux du crime

Pression / Apprentissage / Étiquetage

92. Robert Merton estime que la criminalité procède :

❑ **a.** d'un apprentissage
❑ **b.** d'une pression
❑ **c.** d'un étiquetage

93. L'ouvrage majeur de Robert Merton est intitulé :

❑ **a.** *Social Pressure and Criminal Structure*
❑ **b.** *Social Theory and Social Structure*
❑ **c.** *Social Life and Antisocial Culture*

94. L'anomie mertonienne se distingue de l'anomie durkheimienne.

❑ **a.** vrai ❑ **b.** faux

95. Dans la typologie mertonienne, l'individu qui adhère simultanément aux objectifs sociaux et aux moyens légitimes de les atteindre est qualifié de :

❑ **a.** ritualiste
❑ **b.** conservateur
❑ **c.** conformiste

96. Dans la typologie mertonienne, le ritualiste et le retraitiste :

❑ **a.** ne présentent aucun point commun
❑ **b.** manifestent la même indifférence à l'égard des buts sociaux
❑ **c.** s'opposent aux moyens légitimes

97. Dans la typologie mertonienne, innovateur et ritualiste sont deux types opposés.

❑ a. vrai ❑ b. faux

98. La figure de l'« innovateur » telle que décrite par Merton évoque l'« inventeur » de :

❑ a. Alexandre Lacassagne
❑ b. Émile Durkheim
❑ c. Gabriel Tarde

99. Merton soulignait à sa manière la proximité criminologique de l'homme d'affaires et du prolétaire.

❑ a. vrai ❑ b. faux

100. Quel chercheur a le premier considéré que la délinquance procédait en partie de ce qu'il appelait des « conflits de culture » ?

❑ a. Albert Cohen
❑ b. Christopher Ellison
❑ c. Thorsten Sellin

101. Le principal ouvrage (en lien avec la criminologie) publié par le sociologue américain Albert King Cohen s'intitule :

❑ a. *Culture and Conflict in Crime*
❑ b. *Outsiders*
❑ c. *Delinquent Boys*

102. Cohen considère, avec Merton, que la délinquance est le fruit d'une adaptation individuelle à la pression sociale.

❑ a. vrai ❑ b. faux

103. Cohen considérait que la seule sous-culture est criminelle.

❑ a. vrai ❑ b. faux

104. Cohen explique que les « *delinquent boys* » :

❑ **a.** recherchent un statut

❑ **b.** veulent, par des moyens illégaux, s'identifier à leurs congénères

❑ **c.** revendiquent leur aversion pour l'école

105. Pour Cohen, l'adhésion à une sous-culture délinquante intervient en conséquence de l'angoisse que fait naître chez le mineur la contradiction radicale entre sa culture familiale et celle que lui renvoie le milieu scolaire.

❑ **a.** vrai ❑ **b.** faux

106. Richard Cloward était :

❑ **a.** un politicien américain spécialisé en criminologie

❑ **b.** un travailleur social devenu sociologue

❑ **c.** un enseignant à l'université de Columbia

107. Les travaux de Cloward et Ohlin s'inscrivent dans le sillage de :

❑ **a.** Albert Cohen

❑ **b.** David Matza

❑ **c.** Robert Merton

108. D'après Cloward et Ohlin, la délinquance à l'œuvre dans les zones urbaines défavorisées serait la cause de l'intégration et du maintien dans une bande délinquante.

❑ **a.** vrai ❑ **b.** faux

109. Contrairement à Cohen, Cloward et Ohlin considèrent que les sous-cultures sont nécessairement criminelles.

❑ **a.** vrai ❑ **b.** faux

110. Cloward et Ohlin ont enrichi la théorie de la pression en créant le concept :

❑ **a.** des légitimités intempestives
❑ **b.** des opportunités illégitimes
❑ **c.** des occasions légitimes

111. Edwin Sutherland considérait que la délinquance est :

❑ **a.** l'expression d'une inadaptation sociale de l'individu
❑ **b.** le produit d'une stratification sociale pathologique
❑ **c.** la résultante d'un processus d'associations différentielles

112. Pour Sutherland, le comportement criminel :

❑ **a.** ne s'invente pas
❑ **b.** s'apprend au contact d'autrui
❑ **c.** est le fruit d'une formation
❑ **d.** dépend de la dépréciation normative que son milieu propose à l'auteur de l'infraction

113. Sutherland a conçu la théorie des associations différentielles à partir de recherches consacrées :

❑ **a.** aux mineurs et aux majeurs incarcérés
❑ **b.** aux voleurs et aux criminels en col blanc
❑ **c.** aux groupes mafieux américains et européens

114. Qui est l'auteur de la citation suivante : « Les efforts faits [...] pour expliquer le comportement criminel par des valeurs et des mobiles tels que la quête du bonheur, la recherche de la promotion sociale ou de l'argent, ou le sentiment de la frustration, ont toujours été futiles étant donné qu'ils peuvent expliquer un comportement qui respecte la loi aussi bien qu'un comportement criminel » ?

❑ **a.** Émile Durkheim
❑ **b.** Albert Cohen
❑ **c.** Howard Becker

115. À la fin du XXe siècle, laquelle de ces notions le sociologue américain Ronald Akers a-t-il développé ?

❑ **a.** les agréments différentiels

❑ **b.** les accroissements différentiels

❑ **c.** les renforcements différentiels

116. Pour David Matza, la délinquance juvénile est la conséquence d'une :

❑ **a.** décadence

❑ **b.** dérive

❑ **c.** démission

117. D'après Matza, les acteurs institutionnels (policiers, avocats, législateur, juges, professeurs, etc.) sont pour tout mineur délinquant un ramassis « d'hypocrites, de déviants déguisés, d'individus poussés par une rancune personnelle », donc des individus qui n'ont aucune habilitation à lui montrer le droit chemin. Cet état d'esprit correspond au :

❑ **a.** déni de responsabilité

❑ **b.** déni d'immoralité

❑ **c.** déni de légitimité

118. Peut-on dire que David Matza applique les « leçons de Sutherland » (théorie de l'apprentissage) dans une perspective interactionniste ?

❑ **a.** oui ❑ **b.** non

119. L'un des « pères » de la théorie de l'étiquetage est :

❑ **a.** Michel Foucault

❑ **b.** Franck Tannenbaum

❑ **b.** Louk Hulsman

120. Pour les interactionnistes, le crime s'inscrit, ainsi que toute activité sociale, dans la perspective d'une représentation.

❑ **a.** vrai ❑ **b.** faux

121. Qui a écrit : « La proposition constructiviste sonne faux quand on l'applique au meurtre, au viol, à l'enlèvement, au hold-up [...]. D'une classe sociale à l'autre, d'un groupe ethnique à l'autre, d'une nation à l'autre et d'une époque à l'autre, tous, sauf une infime minorité d'aveugles moraux s'entendent pour y voir des crimes » ?

❑ **a.** Michel Villey
❑ **b.** Maurice Cusson
❑ **c.** Raymond Gassin

122. Edwin Lemert a développé le concept de :

❑ **a.** délinquance primaire
❑ **b.** déviance secondaire
❑ **c.** nuisance tertiaire

123. Qui est l'auteur de cette citation : « La déviance est le résultat des initiatives d'autrui » ?

❑ **a.** Marc Ancel
❑ **b.** David Matza
❑ **c.** Howard Becker

124. Selon Howard Becker, la bonne question n'est pas de savoir pourquoi certains hommes commettent des infractions, mais pourquoi leurs contemporains n'en commettent pas.

❑ **a.** vrai ❑ **b.** faux

125. Selon Becker, dès qu'elle appose le label délinquant, la société impose au sujet de s'y conformer.

❑ **a.** vrai ❑ **b.** faux

RÉPONSES

Les pionniers de la criminologie

Physiognomonistes et phrénologues / École italienne / École française

1.

a. Paul Topinard

Paul Topinard (1830-1911) était médecin. À quarante ans, il renonce à sa clientèle pour une carrière d'anthropologue. Il consacre notamment une étude aux Tasmaniens.

Dans son ouvrage intitulé *L'Anthropologie* (1893), Topinard expose très clairement sa conception néo-lamarckienne du crime : « Les actes que nous qualifions de bien, de justes se sont produits les premières fois avec ou sans réflexion. L'individu les a répétés, ils sont devenus pour lui une habitude dont l'hérédité transmet la disposition à ses enfants [...]. À la troisième génération, l'éducation et l'exemple aidant, l'habitude s'impose. À la sixième, elle s'accumule toujours ; à la dixième, elle est fixée ; à la vingtième, elle est devenue l'impulsion puissante qu'un acte ferme de volonté seul neutralise. L'individu fait le bien naturellement ; il trouve un sac d'or, personne ne l'a vu, il est sûr d'être impuni, il n'en rapporte pas moins le sac au commissaire... Il n'a ni mérite, ni démérite, il a obéi au sentiment du devoir que lui a légué sa lignée ancestrale. »

2.

c. Bernard Mandeville

Médecin néerlandais, Bernard Mandeville (1670-1733) annonce les discussions et conclusions qui, longtemps après sa mort, s'engageront à propos de l'étiologie psychologique du crime. Bien avant les criminologues du XXe siècle, Mandeville explique que la transgression des règles serait la résultante d'un processus psychologique, le ressort de la malfaisance tenant à la propension de l'individu à percevoir le désagrément que peut lui causer l'attitude d'autrui comme un acte d'hostilité qu'il convient de parer en commettant un acte violent : « Tous les jeunes enfants semblent imaginer que chaque objet pense et sent comme eux… On les voit taper avec colère la table, la chaise… qui peut avoir joué un rôle dans leur malheur… Il ne faut pas imaginer que cette folie naturelle serait aussi aisément guérie chez un enfant privé de toute instruction et de tout commerce avec ses congénères qu'elle l'est chez ceux qui sont élevés en société et qui sont à chaque instant cultivés par la conversation d'autres plus sages qu'eux. » En d'autres termes, le risque de voir le sujet prêter à autrui une intention hostile contre laquelle il faut se prémunir serait d'autant plus fort qu'aucun échange (quel qu'il soit) ne vient détourner l'individu de son inclination.

3.

c. Julien Offray de la Mettrie

Ce médecin français (1709-1751) a défendu une conception mécaniste et matérialiste de l'humanité dans son livre intitulé *L'Homme-machine*. De la Mettrie considérait qu'un grand nombre d'actes criminels sont exclusifs de toute responsabilité : « Lorsque je fais le bien ou le mal, que vertueux le matin, je suis vicieux le soir, c'est mon sang qui en est la cause, c'est ce qui l'épaissit, l'arrête, le dissout ou le précipite… Je crois cependant que j'ai choisi. Une détermination absolument nécessaire nous entraîne, et nous ne voulons point être esclaves. Que nous sommes fous ! et fous d'autant plus malheureux que nous nous reprochons sans cesse de n'avoir pas fait ce qui n'était pas en notre pouvoir de faire... »

4.

a. Cesare Lombroso

c. Johann Kaspar Lavater

C'est au XVIIIe siècle que les auteurs, en quête de la nature du crime, ont vraiment commencé à dévisager au sens propre les criminels et à tirer de cette observation des conclusions qui, certes, peuvent faire sourire aujourd'hui, mais ont néanmoins joué un rôle déterminant dans l'avènement de l'école déterministe italienne – dont le chef de file fut Cesare Lombroso.

5.

c. la physiognomonie

Johann Kaspar Lavater (1741-1801) définit cette discipline comme « le talent de connaître l'intérieur de l'homme par son extérieur ». Pour Lavater, le visage est le miroir des âmes ; nous ne pouvons rien cacher de nos sentiments, de nos émotions, de nos inclinations : les traits du caractère se lisent sur la figure.

6.

a. Johann Kaspar Lavater

Théologien suisse de langue allemande, Lavater (1741-1801) est l'auteur de l'ouvrage intitulé *L'Art de connaître les hommes par la physionomie* (1775).

7.

b. la phrénologie

Le neurologue allemand Franz Joseph Gall (1757-1828) développe sa théorie dans un ouvrage intitulé *Anatomie et Physiologie du système nerveux en général et du cerveau en particulier.*

Pour ce médecin spécialisé dans l'étude des crânes, une corrélation existe entre nos aptitudes et la forme de notre tête : la conformation de notre crâne ne serait que l'empreinte, le moulage de notre cerveau, lequel consiste en plusieurs parties qui, d'une part, seraient chacune le siège de telle ou telle aptitude ou qualité, d'autre part, s'atrophieraient ou se développeraient au gré des sollicitations. Gall avait ainsi localisé vingt-sept facultés et autant de saillies crâniennes plus ou moins proéminentes : la saillie de l'amour de la progéniture, la saillie de la ruse et de la finesse, la saillie de l'amitié, la saillie de le destructivité, etc.

8.

b. des escrocs

9.

a. vrai

Le médecin tire cette conclusion en comparant les crânes de condamnés pour homicide avec ceux d'animaux carnassiers : « L'on m'envoya le crâne d'un parricide ; je le mis de côté, sans penser que jamais les crânes des homicides pussent m'être utiles dans mes recherches ; je reçus encore le crâne d'un voleur de grand chemin qui [...] avait assassiné plusieurs personnes. Je plaçais ces deux crânes l'un à côté de l'autre, et je les examinais souvent. Chaque fois que je m'en occupais, je fus frappé de ce que très diversement conformés du reste, ils avaient l'un et l'autre une proéminence fortement bombée, immédiatement au-dessus du méat auditif ; je retrouvais cependant la même proéminence dans quelques autres crânes de ma collection ; cependant il me parut que ce n'était pas par l'effet du simple hasard, que précisément chez deux homicides les mêmes parties cérébrales étaient si développées, et la même région du crâne si fortement bombée. Ce fut alors seulement que je commençai à tirer partie de ma découverte sur la différente conformation du cerveau et du crâne chez les frugivores et chez les carnassiers. Je compris la signification de cette différence. Les carnassiers, me dis-je, ont le cerveau très développé dans la même région, où ce développement a lieu aussi chez les meurtriers. »

10.

c. médecin

Lombroso (1835-1907) était plus exactement psychiatre. Il avait consacré sa thèse au crétinisme endémique et exerçait en qualité d'aliéniste avant de devenir le chef de file de l'école italienne.

11.

b. *L'Homme criminel*

Dans cet ouvrage paru en 1876, Lombroso livre sa conception déterministe du crime. Rompant avec les conceptions classiques et bibliques, le médecin italien commence par évoquer l'intimité originelle de l'homme avec les animaux, puis explique que l'homme s'est peu à peu arraché à la bestialité (par le langage, par la complexification croissante de la vie sociale, par les progrès de l'abstraction, etc.) à quelques exceptions notables près : les criminels.

12.

a. vrai

Les travaux et conclusions de Lombroso, que les progrès rapides des sciences humaines au début du XXe siècle remiseront au rang des grandes élucubrations de l'histoire de la pensée, n'auraient probablement pas vu le jour — et suscité tant d'intérêt — si l'homme n'avait, un siècle plus tôt, au gré des premières révélations paléontologiques, compris que son histoire n'était pas figée, qu'il avait subi, au même titre que l'ensemble du vivant, des modifications radicales, des transformations physiques et psychiques progressives, autrement dit une évolution.

Confrontée à une telle irruption des origines, l'opinion majoritaire s'empressa, par l'un de ces raccourcis qu'elle excelle aujourd'hui encore à pratiquer, d'associer ces caractéristiques ancestrales à la sauvagerie : avant de devenir un être civilisé, l'homme avait été un primitif grossier.

Appliquée à la criminalité, la théorie de l'évolution signifiait, pour Lombroso, que certains hommes (les criminels) étaient restés figés dans leur animalité primitive, tandis que d'autres s'étaient extraits, au gré des millénaires, de cette gangue.

13.

a. vrai

Pour Lombroso, le criminel n'est pas sorti de la sauvagerie — et ce « malade des origines », tout entier rivé sur lui-même, ignorant de l'autre, se caractérise par une grande insensibilité. Il ne connaît ni souffrance, ni pitié ; il ne s'éprouve pas en fonction d'autrui et s'apparente donc aux animaux.

14.

c. Cesare Lombroso

Cette citation est extraite d'un ouvrage intitulé *La Femme criminelle et la Prostituée*. Pour le chef de file de l'école positive italienne, la primitivité de la femme est supérieure à celle de l'homme ; les femmes sont toutes en retard dans le grand livre de l'évolution, mais certaines d'entre elles, les prostituées, le sont tellement qu'elles présentent un degré d'involution comparable à celui du criminel-né : « L'identité psychologique, comme l'identité anatomique, entre le criminel et la prostituée ne pourrait être plus complète [...]. La même absence de sens moral, la même dureté de cœur chez tous les deux, le même goût précoce du mal, la même indifférence à l'infamie sociale, qui fait supporter à l'un la condition de forçat et à l'autre celle de femme perdue [...]. »

Ces considérations phallocrates étaient *a priori* assez peu compatibles avec une donnée statistique que n'ignorait pas Lombroso : la criminalité féminine, à l'époque comme aujourd'hui, ne représente qu'un dixième de la criminalité globale. Lombroso répliquait (sans rire) que si les femmes, primitives en diable, commettent statistiquement moins de crimes, c'est parce que l'activité pernicieuse des plus criminelles d'entre elles (les prostituées) n'est pas incriminée.

15.

Aucune case

Cette formule est attribuée à Alexandre Lacassagne (1843-1924). Ce professeur de médecine légale à Lyon a créé les archives d'anthropologie criminelle.

Cette citation rappelle celle de Tarde (1845-1904) : « Les hommes de génie d'une société lui appartiennent, mais ses criminels aussi ; si elle s'honore à juste titre des uns, elle doit généralement s'imputer les autres à elle-même » (*L'Opinion et la Foule*, 1901).

16.

a. vrai

Comme la plupart de ses contemporains, Tarde était un esprit éclectique, un intellectuel polymorphe : il avait étudié les mathématiques, la philosophie, le droit, publié des vaudevilles, un roman d'anticipation, etc. Devenu magistrat à 30 ans, il a en effet occupé le poste de juge d'instruction, à Sarlat, jusqu'à 50 ans. Il est ensuite entré au ministère de la Justice – où il a dirigé les statistiques criminelles. Il a enfin enseigné la philosophie, jusqu'à la fin de sa vie, à Sciences politiques et au Collège de France.

17.

a. non

La force de la démonstration de Tarde réside dans l'étayage anthropologique qu'il convoque au soutien de son hostilité à Lombroso. Pour Tarde, la position biologique des positivistes italiens repose sur un postulat (la violence des sociétés primitives) que les études anthropologiques ont démenti. On sait en effet, depuis la fin du XIXe siècle, que la vie des sociétés traditionnelles se déploie au gré d'une ritualité forte, que les sociétés sans État n'en sont pas moins dotés de normes, de cérémonies qui figurent autant d'obstacles au développement de la violence. Dans ces conditions, Tarde juge erroné le préalable des déterministes italiens et hasarde même une explication alternative en forme de désaveu cinglant : puisque les sociétés primitives étaient strictement « réglementées » et pas spécialement violentes, la source de la criminalité réside donc dans l'hostilité de quelques-uns à la normativité ambiante, dans la dissidence individuelle contre l'allégeance collective.

18.

a. vrai

Tarde précise que « si l'on voulait remonter à la source de chaque genre de délit, on verrait que le principe initial [...] a été l'importation de quelque nouveauté industrielle ou intellectuelle [...]. Le travail honnête, qui est un ensemble d'imitations de la majorité, tend à fortifier le conformisme général et ne saurait avoir pour effet de stimuler le travail déshonnête qui consiste en dissidences. Mais [...] il faut reconnaître que chaque nouvelle branche du travail honnête [...] est le résultat de quelque invention qui a commencé par être elle aussi une dissidence. »

Des considérations similaires sont développées dans *Les Lois de l'imitation* : « À chaque pas de l'histoire du meurtre, nous voyons la hache de bronze entrer en lutte avec la hache de silex, la hache de fer avec la hache de bronze, le mousquet avec l'arbalète, le revolver avec le pistolet, comme à chaque pas de l'histoire de la locomotion, nous voyons la voiture à ressort se substituer à la voiture sans ressort, la locomotive à la diligence, etc. »

19.

b. l'imitation

Tarde publie *Les Lois de l'imitation* en 1890. Cet auteur considère que la vie sociale, dans toutes ses déclinaisons (notamment criminelle), est régie par l'imitation, laquelle procède souvent d'automatismes qui font de l'homme ce que Tarde appelle un « somnambule social » : « L'état social comme l'état hypnotique n'est qu'une forme de rêve, un rêve de commande et un rêve d'action. N'avoir que des idées suggérées et les croire spontanées, telle est l'illusion propre au somnambule et aussi à l'homme social [...]. Le citoyen des temps nouveaux se flatte de faire un libre choix entre les propositions qui lui sont faites ; mais en réalité celle qu'il agrée, celle qu'il suit, est celle qui répond le mieux à ses besoins, à ses désirs préexistants et résultant de ses mœurs, de ses coutumes, de tout son passé d'obéissance. »

L'imitation répond, selon Tarde, à plusieurs lois. Elle dépend de la fréquence des contacts que l'on entretient avec autrui. Elle est par ailleurs commandée par une communauté de pensée. Elle tient enfin à l'influence que tout supérieur exerce sur l'inférieur, au prestige par lequel le premier influence le second.

20.

a. Gabriel Tarde

Cette citation est extraite de *La Criminologie comparée.*

Pour Tarde, en effet, la corporation des criminels n'est pas différente de celles des charcutiers, des ébénistes ou des importateurs de café. Certes, la « profession criminelle » se distingue de ces artisanats et industries par le fait majeur qu'elle entend « vivre aux dépens de tous les autres sans rien leur apporter » (1886), mais elle présente, pour le reste, une grande similitude avec elles : des conditions d'accès à la profession, des prestations de serment, des réseaux d'entraide, une formation continue, une hiérarchie, une gradation de la carrière, etc.

21.

a. des contacts fréquents
b. une communauté de pensée
c. un sentiment d'admiration pour le délinquant

22.

b. l'imitation-mode

Avec l'imitation-mode, un modèle de conduite se développe à partir d'un exemple qui a fait grand bruit.

L'imitation-coutume s'entend d'un mimétisme ancestral : les nouvelles générations reprennent à leur compte les modes opératoires séculaires – ce qui explique aussi la localisation des procédés (ainsi de la vendetta en Corse).

23.

Aucune case

Penseur agnostique, Émile Durkheim est ce qu'on appellera dans le courant du XXe siècle un intellectuel engagé. Il fait des études de philosophie (agrégation en 1882), enseigne à Bordeaux, en partie en Allemagne, consacre sa thèse à l'étude de la division du travail social et sa vie à l'élaboration d'une science du « fait social propre », dans une perspective progressiste. Ami de Jaurès, dreyfusard, Durkheim est associé au courant socialiste et pacifiste – tandis que son principal contradicteur, Gabriel Tarde (qui partageait avec lui une aversion pour le courant déterministe italien) était un aristocrate.

24.

c. *Les Règles de la méthode sociologique*

Émile Durkheim (1858-1917) n'a pas consacré sa vie à l'étude des causes du crime ; il est sociologue, pas criminologue. Néanmoins, la science de la société qu'il tâche de développer dans ses ouvrages majeurs que sont *De la division du travail social* (1893), *Les Règles de la méthode sociologique* (1895) et *Le Suicide* (1897) n'est pas sans retentir sur l'analyse du phénomène criminel.

25.

c. l'anomie

Ce terme, grâce auquel Durkheim décrit les problèmes de la régulation sociale en général, désigne les déficiences de la réglementation, impuissante à limiter les désirs des individus ou bien pourvoyeuse de désordre.

26.

b. faux

Cette conception de l'anomie est celle que développera le sociologue américain Merton dans la seconde moitié du XXe siècle.

27.

b. de l'incapacité du législateur à canaliser les passions humaines
c. de l'inadéquation de la réglementation

Durkheim traite de l'incapacité à canaliser les passions humaines dans *Le Suicide*. Le sociologue établit dans ce livre une typologie des suicides (suicide altruiste, égoïste, fataliste, etc.). L'une des catégories est intitulée le « suicide anomique ». Durkheim explique à cet égard que certaines personnes mettent fin à leurs jours lorsque la société ne parvient plus à réguler les passions : en proie au dérèglement social, ces individus éprouvent en conséquence ce que le sociologue nomme le « mal de l'infini » et adoptent dès lors des comportements déviants : « on ne sait plus ce qui est juste et ce qui est injuste, quelles sont les revendications et les espérances légitimes, quelles sont celles qui passent la mesure. Par suite, il n'est rien à quoi on ne prétende ».

L'inadéquation de la réglementation est envisagée dans *De la division du travail social*. Durkheim explique dans cet ouvrage que les transformations sociales, plus rapides que l'activité législative, suscitent des crises transitoires, un « état d'indétermination juridique » qui favorisent les « tendances subversives ». Ainsi, la lenteur dans l'organisation des nouvelles relations de travail provoquerait un dérèglement, une perte de repères — lesquels susciteraient la délinquance.

28.

c. états forts de la conscience collective

Cette formule célèbre est extraite de l'ouvrage intitulé *Les Règles de la méthode sociologique*. Durkheim définit la conscience collective comme « l'ensemble des croyances et des sentiments communs à la moyenne des membres d'une même société et formant un système déterminé qui a sa vie propre ».

En caricaturant un peu, on pourrait dire que le criminel n'intéresse pas Durkheim – ni même son milieu d'ailleurs. Pour le sociologue, le crime est un fait social avant d'être le fait d'un homme.

29.

Aucune case

Cette citation est extraite de l'ouvrage de Durkheim intitulé *De la division du travail social*. Elle signifie en d'autres termes que l'existence du crime ne tient pas aux caractéristiques objectives de la transgression, mais au jugement que la société porte sur elle.

30.

c. utile

Durkheim prétend que le crime est « un facteur de santé publique, une partie intégrante de la société saine ». Cette « utilité criminelle » se manifeste de trois manières.

Tout d'abord, le crime (puis les poursuites et la condamnation de son auteur) est un moyen très efficace de raffermir la règle, de réaffirmer l'attachement d'une société à ses valeurs, de renforcer son unité : « Le crime rapproche les consciences honnêtes et les concentre. »

Ensuite, les « infracteurs » sont, pour Durkheim, les artisans de certaines mutations sociales : sans leur intervention, les conditions de la vie sociale demeureraient inchangées, la conscience sociale serait figée ; le crime est donc un aiguillon pour l'évolution de la morale et du droit.

Enfin, Durkheim expose que le crime est parfois précurseur, qu'il peut avoir en quelque sorte une « longueur sociale d'avance », que les criminels d'un jour ne sont pas ceux du lendemain et que, mieux, ils sont dans certains cas les artisans visionnaires des mutations sociales.

31.

a. oui

Durkheim taille en pièce la vision simpliste et fallacieuse de l'école positiviste italienne – selon laquelle les criminels seraient les descendants sans morale de la bestialité des origines. Pour le sociologue, si les sociétés modernes se montrent plus répressives à l'encontre des homicides ou des vols, c'est parce qu'elles sont individualistes, parce que la souffrance de chacun est devenue une valeur absolue, tandis que dans les sociétés primitives, l'accent était mis sur la cohésion du groupe. En d'autres termes, les sociétés anciennes n'étaient pas dépourvues de sens moral, mais leur moralité était avant tout collective : « Les vrais crimes, ce sont ceux qui sont dirigés contre l'ordre familial, religieux, politique. Tout ce qui menace l'organisation politique de la société, tout manquement aux divinités publiques qui ne sont autre chose que des expressions symboliques de l'État [...] sont frappés de peines qui peuvent être terribles. »

32.

d. un agent régulier de la vie sociale

Résolument hostile aux approches anthropologiques et essentialistes, Durkheim défend la thèse de la normalité du crime notamment dans *Les Règles de la méthode sociologique* : « Ce qui est normal ; c'est simplement qu'il y ait une criminalité [...]. Le criminel n'apparaît plus comme un être insociable, comme une sorte d'élément parasitaire, de corps étranger inassimilable introduit au sein de la société ; c'est un agent régulier de la vie sociale [...]. Le crime ne s'observe pas seulement dans la plupart des sociétés de telle ou telle espèce, mais dans toutes les sociétés de tous les types. Il n'en est pas où il n'existe une criminalité. Elle change de forme, les actes qui sont ainsi qualifiés ne sont pas partout les mêmes ; mais, partout et toujours, il y a eu des hommes qui se conduisaient de manière à attirer sur eux la répression pénale. »

33.

b. une société de saints

Dans *Les Règles de la méthode sociologique*, Durkheim écrit : « Pour que, dans une société donnée, les actes réputés criminels pussent cesser d'être commis, il faudrait donc que les sentiments qu'ils blessent se retrouvassent dans toutes les consciences individuelles sans exceptions et avec le degré de force nécessaire pour contenir les sentiments contraires. Or, à supposer que cette condition pût être effectivement réalisée, le crime ne disparaîtrait pas pour cela, il changerait seulement de forme ; car la cause même qui tarirait ainsi les sources de la criminalité en ouvrirait immédiatement de nouvelles [...]. Imaginez une société de saints, un cloître exemplaire et parfait. Les crimes proprement dits y seront inconnus ; mais les fautes qui paraissent vénielles au vulgaire y soulèveront le même scandale que fait le délit ordinaire auprès des consciences ordinaires. Si donc cette société se trouve armée de pouvoir de juger et de punir, elle qualifiera ces actes de criminels et les traitera comme tels. C'est pour la même raison que le parfait honnête homme juge ses moindres défaillances morales avec une sévérité que la foule réserve aux actes vraiment délictueux. Autrefois, les violences contre les personnes étaient plus fréquentes qu'aujourd'hui parce que le respect pour la dignité individuelle était plus faible. Comme il s'est accru, ces crimes sont devenus rares ; mais aussi, bien des actes qui lésaient ce sentiment sont entrés dans le droit pénal dont ils ne relevaient primitivement pas. »

34.

a. Socrate

Dans *Les Règles de la méthode sociologique*, Durkheim évoque Socrate dont la liberté de penser, châtiée par le droit athénien, servit l'humanité : « Le cas de Socrate n'est pas isolé ; il se reproduit périodiquement dans l'histoire. La liberté de penser dont nous jouissons actuellement n'aurait jamais pu être proclamée, si les règles qui la prohibaient n'avaient été violées avant d'être solennellement abrogées. Cependant, à ce moment, cette violation était un crime, puisque c'était une offense à des sentiments encore très vifs dans la généralité des consciences. Et néanmoins ce crime était utile puisqu'il préludait à des transformations qui, de jour en jour, devenaient plus nécessaires. La libre philosophie a eu des précurseurs, les hérétiques de toute sorte que le bras séculier a justement frappés pendant tout le cours du Moyen Âge et jusqu'à la veille des temps contemporains. »

35.

d. Gabriel Tarde

Cette citation est extraite de l'ouvrage intitulé *Les Lois de l'imitation.*

36.

a. oui

Alexandre Lacassagne a consacré sa thèse de médecine aux phénomènes psychologiques de l'anesthésie. En 1880, il est nommé professeur de médecine légale à Lyon et, la même année, est chargé du service des maladies contagieuses à l'hôpital militaire. Il a créé les archives d'anthropologie criminelle.

37.

c. s'inscrivent dans le patrimoine héréditaire

La perspective de Lacassagne, Topinard, Manouvrier, etc. est en effet néo-lamarckienne : sa plasticité cérébrale permettrait à l'homme, au gré des influences et de la modification de son système nerveux, d'acquérir et d'inscrire dans son patrimoine héréditaire de nouvelles qualités, notamment morales, comme par exemple l'honnêteté – de sorte que « les crimes se multiplient non par atavisme, non parce que le nombre des états pathologiques du cerveau augmente, mais parce que le legs des vertus que nous ont transmises nos ancêtres se dissipe » (Topinard).

38.

b. Alexandre Lacassagne

Cette formule célèbre date de 1889. Elle est extraite d'une intervention de Lacassagne lors du premier colloque d'anthropologie criminelle.

39.

a. oui

Léonce Manouvrier (1850-1927) expliquait par exemple que le milieu social se joue de l'homme comme le musicien de son instrument : « Dans l'organisme humain, il y a aussi un musicien ; ce musicien qui joue de l'homme en quelque sorte, par l'intermédiaire du cerveau, c'est le milieu extérieur, ce sont les conditions et les influences sociales, lesquelles représentent chez l'homme ce qu'est le musicien chez le piano. Bien plus, la musique exécutée exerce assez d'influence sur l'instrument pour le transformer » (« Intervention », 2e congrès international d'anthropologie criminelle, Paris, Masson, 1890, p. 194).

40.

c. Valentin Magnan

Valentin Magnan (1835-1916) était psychiatre. Il a étudié la dégénérescence – qu'il qualifiait de « déséquilibration » et définissait comme « l'état morbide d'un sujet dont les fonctions cérébrales accusent un état d'imperfection notoire ».

Pour Magnan, le crime n'est ni un « stigmate de la dégénérescence », ni une « fatalité native » : « Le dégénéré deviendra plus facilement criminel que l'homme bien pondéré, de même qu'il délirera plus facilement que lui, mais il n'aura pas en lui le germe du crime [...]. Il ne faut pas confondre la semence avec le terrain propice à sa germination. Bref, il n'existe pas de raison de confondre ensemble dégénérescence et criminalité : le crime n'est pas plus un syndrome faisant partie de l'histoire des dégénérés qu'il ne fait partie de celle de la paralysie générale. Ici et là, il n'est qu'un accident » (*Les Dégénérés, État mental et syndromes épisodiques*, 1895).

41.

b. vrai

Dans son ouvrage intitulé *Les Dégénérés*, Magnan explique que le dégénéré est « déséquilibré, c'est-à-dire inapte à diriger régulièrement ses opérations intellectuelles, jouet conscient ou inconscient d'impulsion ou de sentiments qui font de lui un être quasi automatique ». Et le psychiatre français d'ajouter : « Souvent faible d'esprit et par suite facilement suggestible, on comprend que plus que tout autre, il doit se laisser solliciter par les occasions du crime, par les causes qui, dans l'état de société, peuvent le déterminer. »

42.

a. vrai

Au soutien de cette affirmation, Magnan explique que « les stigmates physiques n'indiquent pas plus le crime ou tel genre de crime qu'ils n'indiquent les autres bizarreries mentales dont la collection est si grande chez le déséquilibré. Les uns et les autres se sont développés parallèlement sans s'influencer réciproquement [...]. Combien voit-on de criminels, même parmi les plus récidivistes, qui ne sont porteurs d'aucune tare physique, et combien encore de dégénérés criminels dans le même cas ? Et inversement, combien ne voit-on pas de dégénérés parfaitement stigmatisés au point de vue physique et dont l'existence est à jamais indemne de toute tentative nuisible ? »

43.

b. faux

Magnan s'oppose au contraire avec vigueur aux « généralisations trop rapides » de l'aliéniste italien : « Il est bien vrai que le dégénéré est souvent criminel, mais faut-il en conclure que le crime est relié à l'état dégénératif par un lien d'effet à cause ? Le nombre est considérable des dégénérés qui ne délinquent jamais, et leur conformation psycho-physique n'est pas différente de celle des dégénérés qui délinquent et même de ceux qui récidivent. »

44.

d. Charles Féré

Fils unique de paysans normands, Féré (1852-1907) étudie à l'école de médecine de Rouen. Il suit l'enseignement du chirurgien Achille Flaubert, le frère de l'écrivain. Il devient médecin chef du laboratoire de Bicêtre à partir de 1887. Il est l'auteur de nombreux ouvrages relatifs à la médecine, la psychologie, la sexualité, la criminalité... Dans les mémoires qu'il publie en 1915, Léon Daudet qualifie Charles Féré de « dévot du néant » et de « servant du matérialisme ».

45.

a. vrai

Dans un ouvrage intitulé *Dégénérescence et Criminalité* (1888), le médecin explique que, dans une société en mutation rapide et constante, chacun doit produire des efforts d'adaptation intense, mobiliser une énergie et ses moyens mentaux, soit un « surmenage » dont sont incapables les dégénérés, que ce mode de vie sociale va épuiser rapidement, et qui ne pourront faire face qu'en délinquant : « Les hommes deviennent de plus en plus incapables de s'accommoder des ressources dont se contentaient leurs ancêtres [...]. Pour satisfaire ses besoins sans cesse multipliés, l'homme s'épuise à la lutte contre les éléments ; et c'est pour compenser les effets de cet épuisement qu'il s'efforce d'appeler au secours de ses bras défaillants les ressources de son esprit qui vont compenser par des inventions multiples l'insuffisance de ses forces propres. Mais chaque effort nouveau d'adaptation, chaque progrès de ce que nous appelons la civilisation, est une nouvelle cause d'épuisement qui se manifeste toujours avec plus d'intensité sur les individus les plus affaiblis. Ces individus deviennent bientôt incapables de continuer la lutte [...]. Or, comme il faut à ces sujets non seulement des aliments pour soutenir leur existence, mais encore des excitants spéciaux pour relever leur vitalité défaillante, la nécessité s'impose à eux de s'entretenir aux dépens d'efforts qu'ils sont incapables de produire eux-mêmes, aux dépens du travail d'autrui. Ils y arrivent par la ruse [...]. »

46.

a. vrai

Dans un article intitulé « Les Perversions instinctives », Ernest Dupré (1862-1921) écrit en effet : « La plupart de ces délinquants récidivistes démontrent par leur vie même, leur inintimidabilité par la peine, du moins par les peines tout à fait insignifiantes qu'on leur inflige. Aussi, la répression devrait-elle être bien plus sévère, sinon pour intimider le criminel, au moins pour l'éliminer de la société pour un temps prolongé ou perpétuel [...]. L'étude des perversions instinctives, en montrant les relations intimes qui existent, sur le terrain de la déséquilibration mentale, entre les psychopathes et les vicieux, entre les anormaux et les criminels d'habitude, montre l'erreur et le danger de la doctrine actuelle de la responsabilité [...]. Il faut [...] créer des établissements spéciaux, intermédiaires à l'asile et à la prison, des asiles de sûreté, pour les anormaux dangereux, difficiles, etc. – en un mot les sujets atteints de perversions instinctives. »

47.

a. perversion constitutionnelle

Pour Dupré, les délinquants seraient, par constitution, incapables d'adapter leurs tendances égoïstes aux devoirs de la vie sociale, privés de cette disposition minimale pour autrui consistant dans l'instinct d'association. Les hommes verseraient dans la délinquance en conséquence de ce que l'inventeur du concept de mythomanie appelle « l'agénésie des inclinations tendres ».

48.

c. l'instinct altruiste

Ernest Dupré expose que l'instinct – altruiste ou social – n'a pas droit de cité chez un pervers constitutionnel en raison de l'organisation défectueuse de son corps.

En conséquence, ces individus ne seraient pas seulement indifférents envers leur prochain ; ils éprouveraient un plaisir malin au spectacle de la douleur et rechercheraient la souffrance d'autrui.

49.

a. vrai

Pour Dupré, la jouissance que le pervers constitutionnel tire du crime est le signe d'un individu rédhibitoirement enclin au vice que le psychiatre qualifie de « fléau de famille, d'école, d'atelier, de régiment, d'asile », d'« agent de corruption, d'indiscipline, de révolte, d'active contagion au vice ».

Dupré voit donc dans la figure du pervers un incorrigible qu'il convient de dépister au plus tôt dans la population infantile afin d'en prémunir la société – en l'enfermant.

50.

a. vrai

Dupré compare la biographie du pervers constitutionnel à l'« odyssée » d'un incorrigible : « La vie entière du pervers apparaît ainsi comme une suite ininterrompue de bizarreries, d'extravagances, d'irrégularités, de fugues, d'engagements volontaires, de délits et de crimes, de condamnations et de non-lieu, d'expertises, d'internements, d'incarcérations, de désertions, de simulations, de parasitisme des hôpitaux, des asiles et des dépôts, de faits de vagabondage, d'alcoolisme, etc. La caractéristique de telles existences est l'irréductibilité des tendances perverses, qui se traduit par le récidivisme incessant de la faute, l'impossibilité de l'amendement du coupable : en résumé l'incorrigibilité du pervers. »

51.

c. les psychopathologies sexuelles

Pour le psychiatre austro-hongrois Richard von Kraft-Ebing (1840-1902), les déviations ne sont pas la conséquence de dégénérescence, mais le fait de ceux que leur équilibre nerveux prépare moins bien aux mutations culturelles (complexification des rapports humains, modification des codes, etc.).

52.

c. *The English Convict*

Dans cet ouvrage, Charles Buckman Goring (1870-1919) tente d'établir la corrélation entre l'intelligence défectueuse et la délinquance en reprenant une étude statistique qu'il avait menée entre 1904 et 1908 auprès de 4 000 prisonniers.

Il s'inscrit dans la tradition héréditariste et eugénique de Karl Pearson (1857-1936). Comme lui, il considère que le déficit intellectuel des individus n'est pas la conséquence d'un environnement négatif, mais sa cause.

53.

c. erronées

À partir de l'étude comparée de criminels et de non-criminels, Goring détruit les postulats déterministes. Sachant que Lombroso avait cru pouvoir identifier 37 caractéristiques physiques propres au type criminel, Goring distribue un échantillon de criminels en fonction de la gravité de leur infraction et de la durée de leur peine, et émet l'hypothèse que les stigmates pointés par Lombroso doivent logiquement être plus nombreux chez les délinquants condamnés à de lourdes peines et pour des faits graves... soit une conclusion à laquelle l'étude ne conduit pas. Goring opposait ainsi aux thèses déterministes un démenti statistique irréfutable qui précipita le déclin de l'École italienne.

54.

a. vrai

Pour le médecin américain Henry Herbert Goddard (1866-1957), tout individu dispose d'un potentiel intellectuel héréditaire dont les limites sont fixes – de sorte qu'il conviendrait de promouvoir des instruments de détection pour diagnostiquer la débilité et dispenser les intéressés d'une éducation illusoire. Goddard estime en outre que toute personne intellectuellement attardée est la proie quasiment nécessaire de la criminalité : « les insuffisant mentaux [...] sont pleins d'instincts et d'impulsions, ils manquent de contrôle et il est absolument certains qu'ils causeront des ennuis au reste de la société ou, en d'autres termes, des infractions ». Goddard s'appuyait sur une étude – qu'il avait menée auprès de 100 mineurs déférés devant la *Juvenile Court* de Newart – qui avait permis de constater que le tiers du panel présentait un âge mental inférieur de 1 à 4 ans à leur âge réel, tandis que les deux tiers présentaient une infériorité supérieure à 4 ans.

Facteurs personnels du crime

Perspectives biologiques, psychanalytiques, phénoménologiques

55.

a. **Ernst Kretschmer**
b. **William Herbert Sheldon**

Ernst Kretschmer (1888-1964) était un psychiatre allemand. Son principal ouvrage en relation avec la criminologie s'intitule *Körperbau und Character* (1921).

William Herbert Sheldon (1898-1977) était un psychologue américain.

56.

b. **non**

Kretschmer ne prétend pas que les personnes présentant tel ou tel type morpho-caractériel seraient programmées pour passer à l'acte délictueux, mais que leur mode criminel est cependant commandé par des paramètres bio-psychologiques.

57.

a. **une corpulence mince**
b. **un visage émacié**
c. **une pilosité rare**

Également désigné sous l'expression de leptomorphe-schizothymique, le type leptosome correspond d'après Kretschmer à des individus sentimentaux, introvertis, insatisfaits et spéculatifs dont l'adaptation sociale est précaire. Leur délinquance serait précoce et consisterait dans les atteintes astucieuses à la propriété et à la confiance (vol, faux, abus de confiance, etc.). Ils n'éprouveraient aucun repentir.

58.

a. **vrai**

Ce type correspond à des individus robustes, à prédominance musculaire, à chevelure dense, à peau épaisse et rugueuse, à pilosité très fournie. Vif, énergique, opiniâtre et fruste, l'athlétique s'exprime de préférence, selon Kretschmer, dans le champ de l'agression (assassinats, vols à mains armées, etc.).

59.

b. **l'endomorphe**

Le type pycnique correspond à un individu souvent chauve à faible musculature et « prédominance viscérale », au visage arrondi, aux extrémités courtes et potelées, autrement dit bien portant. Extraverti, jovial, épicurien, intellectuellement brillant, il oscille du pôle de l'excitation à celui de la mélancolie. Leur délinquance est essentiellement tardive et astucieuse (escroqueries, fraudes, etc.) ; ils éprouvent des remords après leur passage à l'acte et ne récidivent donc pas d'après Kretschmer.

60.

a. vrai

Étudiant un panel de deux cents jeunes délinquants de Boston âgés de 15 à 23 ans, Sheldon trouve en effet une proportion de sujet endomorphes comparable à celle que présente les étudiants ordinaires, un peu moins d'ectomorphes mais, en revanche, une surreprésentation du type mésomorphe parmi ces délinquants. Le chercheur n'en tire pour autant aucun enseignement étiologique hâtif : quoique prédominant chez les criminels, ce type ne prédispose en rien à la criminalité.

61.

c. 117

À partir de la photographie de quatre mille étudiants, William Herbert Sheldon a dégagé trois types morphologiques : l'endomorphe (rond, expansif, pétulant), le mésomorphe (élancé, énergique, impétueux) et l'ectomorphe (fluet, pudique, inhibé).

Sheldon a proposé de définir chaque individu en fonction d'un indice somato-typique composé à partir de trois chiffres correspondant chacun à un facteur : le premier chiffre indique la valeur du facteur endomorphe, le deuxième celle du facteur mésomorphe et le troisième celle du facteur ectomorphe. Pour chacun de ces facteurs, l'indice varie de 1 à 7 — l'indice 1 correspondant à l'absence du caractère en cause chez le sujet, tandis que l'indice 7 rend compte, au contraire, d'une caractérisation extrême. En conséquence, les indices 711, 171 et 117 sont respectivement ceux de la perfection endomorphique, mésomorphique et ectomorphique.

62.

c. biotypologique

Professeur à Harvard de 1925 à 1963, Sheldon Glück (1896-1980) fut l'un des principaux artisans de la création d'une cour pénale internationale pour juger les crimes contre l'humanité. Sa célébrité tient aux travaux qu'il publie avec sa femme, Eleonore Glück (1898-1972), et notamment à leur *Unraveling Juvenile Delinquency*.

Les époux Glück ont fait date dans l'histoire de la criminologie pour leurs tables de prédiction de la délinquance. Leur but était simple (et encore d'actualité) : pronostiquer le « potentiel délinquant » dès les premières années de la vie pour mieux se prémunir, grâce à des mesures de prophylaxie sociale, contre les futurs comportements antisociaux. Dans *Unraveling Juvenile Delinquency*, ils prétendent que le potentiel criminel de tout enfant peut être déterminé dès l'âge de six ans.

63.

b. faux

À l'instar de Sheldon, les époux Glück estiment que la morphologie de l'individu est en relation étroite avec les traits de sa personnalité – avec son tempérament. Mais ils vont plus loin que le psychologue américain puisque, sans croire à l'existence d'une morphologie criminelle, ils vont prétendre que le type somatique mésomorphique est susceptible d'accroître le potentiel criminel des individus dès lors qu'ils se trouvent associés à un environnement familial défavorable – notamment l'absence d'attachement parental (plus exactement le défaut d'estime paternelle) que les Glück tiennent pour un facteur majeur de la criminalité.

64.

a. **le noyau constitutionnel**
b. **les variantes pathologiques éventuelles**
c. **la fonction morale**

Fer de lance de la biocriminologie de la seconde moitié du XXe siècle, Wilhelm Olof Kinberg expliquait que le crime serait le corollaire de certains de nos traits biologiques, lesquels provoqueraient nos réactions aux stimuli ambiants. La criminalité serait ainsi la conséquence d'une composition déséquilibrée de la personnalité du délinquant.

Pour Kinberg, la personnalité se compose tout d'abord du noyau constitutionnel qui s'entend des tendances réactionnelles foncières du sujet, autrement dit la manière dont il réagit. Ces tendances varient d'un individu à l'autre en fonction de quatre radicaux fondamentaux que Kinberg appellent la capacité, la validité, la stabilité et la solidité.

La deuxième composante de la personnalité consiste dans ce que Kinberg appelle les variantes pathologiques : il s'agit d'états dont l'origine se trouve dans les maladies mentales, déficiences intellectuelles sévères, etc. Ces variantes pathologiques réduisent la fonction morale et la sensibilité esthétique de l'individu – soit deux qualités propres à suggérer la répugnance du crime.

La troisième composante (fonction morale) consiste dans la promptitude de l'individu à réagir aux stimuli moraux – ce que Kinberg appelle l'éveillibilité morale. Pour le chercheur suédois, cette éveillibilité dépend, d'une part, du jugement de moralité dont est capable l'individu (volet intellectuel de la fonction morale), d'autre part, de la sensibilité dont il fait montre à l'encontre des actes immoraux (volet affectif de la fonction morale). Et quand l'un et, *a fortiori*, les deux aspects de cette fonction morale font défaut, le sujet verse plus facilement dans la délinquance.

65.

c. aisance avec laquelle l'individu recouvre l'équilibre émotionnel

Le niveau d'intelligence le plus élevé dont peut disposer le sujet correspond à la capacité. La quantité d'énergie cérébrale dont bénéficie l'individu est désignée par Kinberg sous le vocable de validité. Le degré d'unité fonctionnelle de l'activité du sujet – soit l'indicateur de la plus ou moins grande propension de l'individu à la dissociation – consiste dans la solidité.

66.

Aucune case

Ce profil correspond à celui de l'individu substable.

Selon la typologie de Kinberg, le supersolide est réfléchi et objectif, tandis que le subcapable est fruste et le subvalide pusillanime et méthodique.

67.

b. faux

Pour Kinberg, ces caractéristiques sont celles de la délinquance violente – tandis que la délinquance astucieuse serait le fait d'individus supercapables, supervalides, superstables et subsolides.

68.

a. vrai

Les enfants adoptés issus de parents biologiques criminels (dont ils ignorent l'identité et le parcours pénal) ont-ils plus de risques de devenir délinquants que les enfants adoptés dont les ascendants sont inconnus des services judiciaires ? Apparue dans l'immédiat après-guerre au Danemark, ce type d'approche très controversée a connu un grand succès dans les années 1980. La principale étude de ce genre a été le fait, en 1984, de Mednick, Gabrielli et Hutchings. Publiée dans la revue *Science*, cette recherche menée à partir de 14 427 Danois a montré que 20 % des enfants issus de « parents biologiques délinquants » risquaient de commettre des infractions, alors que le taux était de 13,5 % pour les enfants sans « ascendance infractionnelle ».

69.

a. vrai

Au terme de plusieurs études menées au début des années 2000, le professeur britannique Terrie Moffitt a constaté que l'agressivité de certains sujets était tributaire de composantes génétiques : la probabilité de développer un comportement agressif parmi les jeunes hommes ayant été maltraités dépendrait de l'activité d'une enzyme, la monoamyne oxydase A (MAOA). En étudiant une population de 442 individus victimes de maltraitance dans l'enfance, ce chercheur a constaté que les hommes dont les niveaux de MAOA sont faibles, représentent 12 % de l'échantillon et sont responsables de 44 % des crimes violents et qu'à l'inverse, les comportements violents sont moins fréquents parmi les individus porteurs d'une version du gène associée à des niveaux supérieurs de MAOA. Le professeur Moffitt conclut que le patrimoine génétique d'un individu peut agir sur sa sensibilité aux facteurs environnementaux.

70.

a. vrai

Lee Ellis constate que les androgènes (notamment la testostérone) sont massivement produits par l'organisme à partir de la puberté jusqu'à l'âge de trente à trente-cinq ans. Dans la mesure où la plupart des auteurs de crimes violents contre les personnes ou les biens font partie de cette tranche d'âge, le chercheur en déduit une corrélation.

71.

b. Mélanie Klein

Disciple de Freud, Mélanie Klein (1882-1960) a suscité la controverse tant par ses postulats que par les techniques analytiques auxquelles elle recourait. Elle expliquait que la personnalité de l'enfant se signale par une tendance primitive sadique (propension meurtrière, cannibalique, etc.), et que cette partie ne disparaît pas chez l'adulte, mais nourrit son inconscient : l'individu refoule en principe cette primitivité au fur et à mesure de sa socialisation.

Elle pratiquait les cures psychanalytiques d'enfants à partir de trois ans.

Albert King Cohen et Edwin Sutherland ont développé une approche sociologique du crime.

72.

Aucune case

Mélanie Klein a développé la notion de surmoi tyrannique. Elle expliquait que dès les premiers mois de son existence, le très jeune enfant est animé de fantasmes de destruction parentale. Or, cette situation – source d'une souffrance à laquelle l'individu n'échappe qu'en la refoulant – engendrerait, chez certains sujets, un surmoi tyrannique lequel constituerait un facteur de criminalité, dès lors que, par-delà les prohibitions qu'ils posent et les frustrations qu'ils imposent à leur enfant, les parents ou le milieu familial (plus largement) le soumettent à l'épreuve d'une réalité propre à renforcer cette tyrannie intérieure.

Mélanie Klein explique que, en réponse à ses pulsions de haine parentale, le très jeune enfant tient leur réplique destructrice pour une réponse légitime. À partir de cette image parentale, l'enfant perçoit le monde alentour à travers le prisme déformant d'un surmoi tyrannique : le monde extérieur s'entend nécessairement d'un milieu hostile auquel il n'est pas injustifié d'attenter, pour s'en protéger. Pour Klein, ce surmoi persécuteur ne se fixe que si l'enfant ne trouve pas, auprès de ses parents, des manifestations d'affection : plus il a peur de la vengeance de ses parents, plus il refoule son angoisse, et plus il devient agressif pour s'en dégager.

73.

a. vrai

Pour la psychanalyste britannique, le surmoi tyrannique de certains enfants est à ce point cruel qu'il enferme le sujet dans le couple agression/punition. L'angoisse de l'individu (qu'alimente la noirceur de ses sentiments à l'égard de ses parents) provoque un refoulement si profond que ses fantasmes ne peuvent pas s'exprimer, notamment par la sublimation – de sorte que le sujet ne parvient pas à se libérer de son sentiment de culpabilité. Dans ce cas, le seul soulagement consiste dans la recherche de la peine : parce qu'il se vit comme un être coupable (et ne peut s'abstraire de cette perception), l'individu ne trouve de répit psychique que dans le châtiment qu'il sollicite en transgressant les interdits et commettant donc des infractions.

74.

a. vrai

Ce psychanalyste britannique est un disciple de Mélanie Klein.

75.

b. objet transitionnel

Winnicott explique que pour habituer l'enfant à une séparation progressive (source d'angoisse), la mère doit entretenir chez le nourrisson l'illusion de sa présence grâce à des objets transactionnels (objets imprégnés de l'odeur maternelle) qui vont rassurer l'enfant tout en l'affranchissant du sentiment d'omnipotence magique que la présence physique permanente du sein de la mère ferait surgir chez lui.

Faute d'avoir subi la « désillusion maternelle » par l'entremise de l'objet transitionnel, l'enfant, plus grand, risque de se comporter avec le monde comme il le faisait avec le sein de sa mère, qu'il pouvait prendre à sa guise : il commettra des vols compulsifs, en proie à un mouvement régressif qui le porte à disposer du monde comme il disposait de la présence permanente de sa mère. La tendance kleptomaniaque des enfants voleurs serait donc la conséquence de cette disponibilité maternelle absolue : le monde est à leur disposition comme l'était leur mère.

76.

c. Donald Winnicott

Cette citation est extraite de l'ouvrage intitulé *L'Enfant et le Monde extérieur.*

77.

a. vrai

Winnicott considère que l'adolescence doit être l'âge de l'immaturité, et qu'il est de la responsabilité des parents de le garantir, en entretenant chez lui un sentiment de sécurité qu'une trop grande liberté, en revanche, est de nature à ébranler. En d'autres termes, l'adolescent doit pouvoir compter sur le cercle parental qui l'enserre ; à défaut, il sollicitera, pour compenser l'angoisse de l'insécurité familiale, une autorité extérieure voire un tribunal en commettant, à cette fin exclusive, des infractions.

78.

b. Franz Gabriel Alexander

Franz Gabriel Alexander (1891-1964) était médecin et psychanalyste. Il a développé une conception originale selon laquelle le surmoi ne serait pas seulement une autorité morale, mais encore une instance répressive qui entraverait les pulsions transgressives, empêcherait les « désirs d'infraction » d'accéder au champ de la conscience – de sorte que le sujet se trouverait ainsi libéré d'une source d'angoisse.

Merton et Ohlin ont abordé la criminalité sous l'angle sociologique.

79.

a. vrai

Alexander considère que le surmoi est tributaire de processus d'identification par lequel chacun cherche à ressembler à un modèle (« l'idéal de moi »). Or, si cette figure héroïque verse dans la délinquance, celui qui l'idéalise se complaira à suivre les traces de son héros, en commettant lui-même des infractions.

80.

Aucune case

Alexander considère que l'héroïsme délictuel est la manifestation d'un idéal du Moi – c'est-à-dire un modèle extérieur valorisé auquel le sujet s'identifie. Le psychanalyste français Daniel Lagache (1903-1972) expliquait quant à lui que cet « héroïsme » était l'expression de l'idéal narcissique dont le sujet se détache au cours de son existence, mais auquel il aspire toujours à retourner (le Moi idéal).

81.

a. **médecin**
b. **professeur de criminologie à l'université de Louvain**
c. **hostile à l'approche métaphysique de la criminalité**

Adversaire déclaré d'une conception absolutiste du libre arbitre, le criminologue belge considérait que « l'attitude de ceux qui défendent tout le principe de responsabilité est encore plus antiscientifique que celle de ceux qui veulent nier ce fait » (« La Notion de responsabilité en anthropologie criminelle », *RDPC*, vol. 11, p. 445).

Contrairement aux cliniciens qui l'ont précédé – et à certains de ses contemporains –, de Greeff ne cherchait pas à mettre en perspective les différences psychologiques entre délinquants et non-délinquants – précisément parce qu'il ne croyait pas à cette disparité et que l'infraction, loin d'être le symptôme d'une personnalité criminelle, était pour lui la résultante normale de l'adaptation d'un individu à une situation, autrement dit encore la conclusion d'un processus.

82.

b. **Étienne de Greeff**

Cette citation est extraite du manuel intitulé *Introduction à la criminologie* (Bruxelles, 1947). Étienne de Greeff (1898-1960) a également écrit, entre autres, « L'Homme chez le criminel » (*RDPC*, n° 5, p. 1) et « La Psychologie de l'assassin » (*RDPC*, n° 15). (2, 3 et 4).

83.

a. **oui**

Avec de Greeff, le clinicien abandonne sa « posture de surplomb », cesse de considérer le criminel comme un objet de curiosité scientifique et tâche d'approcher le crime par le biais de la subjectivité de son auteur. De Greeff a ainsi rencontré, écouté et observé des centaines de détenus condamnés pour des actes criminels graves.

84.

b. faux

De Greeff est l'un des premiers observateurs du phénomène criminel qui renonce à en chercher la cause. Il considère que trois sentiments dominent l'esprit du criminel et s'amplifient tout au long du processus délictueux : l'injustice subie, l'assèchement affectif (autrement dit l'indifférence à autrui) et le désengagement (c'est-à-dire le désintérêt pour son propre sort).

85.

c. crise

La crise correspond à une situation de grande tension intérieure : le projet homicide est arrêté, la moindre contrariété, le plus petit incident provoquera le passage à l'acte.

De Greeff appelle les premières étapes du passage à l'acte homicide passionnel « l'assentiment inefficace » et « l'assentiment réfléchi » : après avoir seulement caressé en secret la perspective d'une disparition violente, l'individu envisage le meurtre, tâche de le rendre acceptable en dépréciant autant que possible sa victime.

86.

b. faux

L'individu parvient à opposer à l'assèchement affectif dont il est l'objet des compensations culturelles (au sens le plus large) qui le détournent du passage à l'acte.

87.

c. juriste français

Docteur en droit en 1935, fondateur de la Société internationale de criminologie en 1937, inspecteur général d'administration centrale en 1955, Jean Pinatel (1913-1999) a enseigné la criminologie à l'université de Paris. Il a collaboré trente années durant à la *Revue de science criminelle et de droit pénal comparé.*

88.

c. De Greeff

Souscrivant à l'approche du psychologue belge, Jean Pinatel a tenté de définir les conditions psychologiques du processus de passage à l'acte décrit par De Greeff, autrement dit les traits qui composent ce qu'il qualifie de noyau central de la personnalité criminelle.

89.

a. vrai

Pinatel considère que la personnalité labile implique la suggestibilité, autrement dit une plasticité psychologique comparable à ce que Kinberg appelle la subsolidité. Dans leur manuel, Bouzat et Pinatel notent que « le sub-solide rappelle un peu le caméléon qui prend facilement la couleur de la branche qui le porte. Il se laisse facilement influencer par l'ambiance où le hasard le met, mais les opinions et les sentiments ainsi créés en lui ne durent guère. Il est suggestible, mais de façon éphémère. Comme [...] tout liquide, il prend la forme du vase qui le contient, mais changez le vase et sa forme changera : c'est donc qu'il n'a pas de forme propre. Par son caractère protéiforme et son manque de cohésion interne, le sujet sub-solide mérite assez bien la méfiance qu'il suscite. Avec tout cela, il possède une espèce de souplesse et de flair psychologique qui lui sont très utiles quand il emploie ses talents à deviner et à tromper son monde ».

90.

b. égocentrisme, labilité, agressivité, indifférence à autrui

Pour Pinatel, le passage à l'acte suppose tout d'abord l'égocentrisme du délinquant, lequel éprouve un sentiment d'injustice et fustige, en les dévaluant, les instruments répressifs (lois, juridictions, etc.). Mais ce mouvement d'autolégitimation ne suffit pas : pour poursuivre son cheminement criminel, l'individu ne doit pas éprouver la crainte du châtiment – soit le défaut d'inhibition propre à une personnalité labile. Égocentrisme et labilité préparent selon Pinatel le passage à l'acte criminel. La commission de l'infraction *stricto sensu*, son exécution requiert ensuite non seulement une forme de combativité – que Pinatel appelle l'agressivité –, mais également une indifférence affective durable à l'endroit d'une victime au sort de laquelle il ne compatit pas avant d'attenter à ses biens ou à son intégrité.

91.

c. Étienne de Greeff

Cette citation est extraite de *Criminogénèse*.

Facteurs sociaux du crime

Pression / Apprentissage / Étiquetage

92.

b. d'une pression

L'idée que les conduites déviantes procèdent de la pression qui s'exerce sur les délinquants – lesquels feraient le constat de l'inadéquation de leurs ressources aux buts que la société assigne à chacun – sera formulée, en 1938, par l'Américain Robert King Merton. À la suite de ce sociologue, son élève, Albert K. Cohen, créera le concept de sous-cultures délinquantes, tandis que R.A. Cloward et L.E. Ohlin développeront la notion d'« occasions illégitimes ».

93.

b. *Social Theory and Social Structure*

Publié en 1949, cet ouvrage a été traduit en plus de dix langues.

94.

a. vrai

Tandis que l'anomie consiste, pour Durkheim, dans l'incertitude des bornes normatives (« mal de l'infini »), cette expression renvoie, pour Merton, à l'inadéquation des moyens dont dispose chacun pour atteindre les fins culturels qui lui sont assignées.

D'après Merton, l'inadaptation des ressources de l'individu le place sous pression : il a le sentiment que ses moyens (financiers, intellectuels, etc.) seront toujours insuffisants au regard des objectifs que prescrit la culture dominante – de sorte que la délinquance permet de combler cette pénurie de moyens.

95.

c. conformiste

Le ritualiste ne récuse pas les buts sociaux, mais l'intérêt qu'il leur porte est faible ; il n'a pas le souci de les atteindre – en conséquence, il recourt aux moyens sociaux légitimes.

96.

b. manifestent la même indifférence à l'égard des buts sociaux

Les retraitistes correspondent aux marginaux dont Merton explique qu'ils pratiquent « l'évasion ». Ils sont l'exact opposé des conformistes.

97.

a. vrai

Comme les conformistes, ils agréent les objectifs que leur assigne la société (obtenir un diplôme, fonder une famille, jouir du confort matériel, gravir les échelons de sa hiérarchie professionnelle, etc.), mais se montrent peu scrupuleux quant aux moyens d'accéder à ces fins : ils trichent, trahissent, trompent, mystifient, diffament, autrement dit « mettent en úuvre des moyens institutionnellement proscrits, mais souvent efficaces pour atteindre au moins le simulacre du succès » (Merton).

98.

c. Gabriel Tarde

Pour Tarde, la criminalité est le produit d'une dissidence individuelle, celle de l'inventeur qui accède aux fins sociales « en dépassant les timidités d'esprit et les répugnances qui retiennent les autres hommes ».

99.

a. vrai

Merton explique que l'innovateur est surtout présent dans les « couches sociales inférieures » – car la société les soumet à des injonctions contradictoires qui sont la source d'une pression dont ils se dégagent par la délinquance. Le sociologue américain estime toutefois que le même mécanisme est à l'œuvre chez les criminels d'astuce : les escrocs, les fraudeurs, les blanchisseurs, les auteurs de ce qu'il est convenu d'appeler le « *white collar crime* » supportent une pression sociale telle (acquérir un statut, atteindre les échelons hiérarchiques supérieurs, conquérir des marchés, etc.) que le respect des normes passe à l'arrière-plan : « La pression en faveur de l'innovation efface parfois la distinction des comportements d'hommes d'affaires qui se situent en deçà des normes, et des procédés douteux qui se situent en marge de celles-ci. »

100.

c. Thorsten Sellin

Pour le sociologue Sellin (1896-1994), la culture consiste dans un ensemble de normes qui valorisent certaines attitudes et en réprouvent voire prohibent d'autres. Or, les cultures ne sont pas identiques, de sorte que le seul fait de se conformer à une norme culturelle spécifique (la « sous-culture ») peut engendrer un conflit, voire constituer une infraction.

En 1991, Christopher Ellison montrait qu'il existe dans le sud des États-Unis (Alabama, Louisiane, Texas etc.) une sous-culture violente, les blancs de ces États recourant plus volontiers à la violence que dans le reste des États-Unis (Ch. Ellison, « *An eye for an eye? A note on the southern subculture of violence thesis* », *Social Forces*, 69, 1223).

101.

c. *Delinquent Boys : the Culture of the Gang*

Dans ce livre paru en 1955, Cohen se consacre à la sous-culture spécifique des jeunes délinquants masculins issus des classes populaires.

102.

b. faux

L'approche de Cohen est différente de celle de Merton. Contrairement à Merton, pour qui la délinquance s'entend d'une adaptation individuelle à la pression, Cohen considère que l'adhésion à la sous-culture délinquante est une stratégie collective d'adaptation à la tension. En d'autres termes, la réponse à la tension n'est pas dans l'acte délinquant, mais dans l'adhésion à une sous-culture délinquante : si les jeunes intègrent une sous-culture, c'est d'abord parce qu'elle est dispensatrice de statut, de reconnaissance.

103.

b. faux

Cohen estime au contraire que « chaque société est différenciée par des nombreux sous-groupes, chacun ayant des façons de penser et de faire qui sont d'une certaine manière propres à eux, des manières que l'on ne peut acquérir qu'en participant à ces sous-groupes et que l'on ne peut qu'avec peine réussir à acquérir si l'on n'est pas un participant à part entière. Ces cultures dans les cultures sont des sous-cultures [...]. Il y a la sous-culture de l'université, la sous-culture d'un quartier, celle de la famille, de la clique ou du gang dans le quartier [...] acquises par interaction avec ceux qui déjà partagent et incarnent, dans ses croyances et action, le patron culturel » (*Delinquent Boys: the Culture of the Gang*).

104.

a. recherchent un statut
c. revendiquent une aversion pour l'école

Cohen explique que le comportement des jeunes membres d'une sous-culture délinquante est marqué du sceau du rejet des valeurs dominantes que représente et inculque l'école. Pour ces mineurs, l'école buissonnière n'est pas le symptôme d'une paresse passagère, mais relève d'une position de principe : il s'agit de ne pas ressembler aux (bons) élèves que leur équipement culturel prépare aux enseignements et protège de l'échec scolaire.

105.

a. vrai

Cohen explique que l'adhésion à une sous-culture délinquante ne concerne pas tous les élèves confrontés à un tel antagonisme culturel. Surmontant leur « infériorité linguistique, académique et sociale » (Cohen), certains parviennent, au prix d'un fort sentiment de culpabilité envers leur origine, à s'adapter à la nouvelle donne culturelle, les autres refusent ce changement et adoptent l'attitude du retraitiste chère à Merton.

106.

b. un travailleur social devenu sociologue
c. un enseignant à l'université de Columbia

Richard A. Cloward (1926-2001) fut dans un premier temps travailleur social au sein d'une prison militaire en Pennsylvanie. Ce sociologue américain a enseigné pendant près d'un demi-siècle à l'université de Columbia (doctorat en 1958). Sa vie durant, il a milité aux côtés des populations démunies. En 1982, il fonde par exemple « Human SERVE » (*Service Employees Registration and Voter Education*). Dans les années 1990, il mène le combat pour l'abolition du système de purge électoral des non-votants. Le « Motor-voter Act » sera adopté en 1993 ; depuis lors, les autorités électorales à l'échelon de l'État et à l'échelon national ne peuvent pas supprimer un nom de la liste des électeurs admissibles pour cette seule raison que l'électeur en cause n'a pas voté.

107.

c. Robert Merton

Cloward et Ohlin (1918-2008) souscrivent à la thèse mertonienne : « Les pressions vers la formation des sous-cultures délinquantes prennent naissance dans les déséquilibres marqués entre les aspirations induites culturellement parmi les jeunes des classes défavorisées et les possibilités de les réaliser par des moyens légitimes » (« *Delinquency and Opportunity: A Theory of Delinquent Gangs* », 1960).

108.

a. vrai

Cloward et Ohlin se distinguent donc radicalement de Cohen qui considère, au contraire, que la délinquance procède de l'adhésion à la bande.

109.

a. vrai

Cloward et Ohlin distinguent trois sous-cultures délinquantes : la sous-culture criminelle, la sous-culture conflictuelle et la sous-culture « retraitiste ».

La sous-culture criminelle est celle des bandes dont la dynamique principale est lucrative.

Contrairement à la sous-culture criminelle, la sous-culture conflictuelle est indifférente aux aspirations communes : ses membres armés se vouent à la violence — il s'agit du gang tel que le perçoit l'opinion publique.

La sous-culture d'évasion ou retraitiste repose sur le plaisir que procurent notamment la consommation de stupéfiants et les pratiques sexuelles marginales. Contrairement aux autres bandes délinquantes, celles-ci entretiennent des relations avec les adultes dispensateurs de produits. Leurs membres ne commettent en conséquence aucune violence, mais se livre plutôt à des actes de déviance (mendicité, prostitution, etc.) ou de menue délinquance (vol à l'étalage).

110.

b. opportunités illégitimes

À l'instar de Merton, Cloward et Ohlin estiment que la criminalité des jeunes délinquants résulte de la pression sociale consistant dans l'inadéquation de leurs moyens aux fins qu'ils poursuivent. Mais par-delà la répartition inégale des moyens, les deux sociologues prétendent que la délinquance résulte encore de la distribution inégale des « occasions illégitimes » — les zones urbaines défavorisées offrant, selon Cloward et Ohlin, ces opportunités en la forme des trois sous-cultures délinquantes qu'ils ont décrites.

111.

c. la résultante d'un processus d'associations différentielles

Edwin Sutherland (1883-1950) est l'un des représentants de la théorie dite de l'apprentissage : le crime s'apprend au sein des groupes dont fait partie l'individu (famille, collègues, copains, etc.) et dépend du rapport qui se fait jour, parmi ces relations, entre les considérations favorables au respect de la loi pénale et celles qui lui sont hostiles – ce que Sutherland qualifie précisément d'associations différentielles.

112.

a. ne s'invente pas
b. s'apprend au contact d'autrui
c. est le fruit d'une formation
d. dépend de la dépréciation normative que son milieu propose à l'auteur de l'infraction

Sutherland a présenté sa théorie pour la première fois dans *Principes de criminologie* en 1934.

113.

b. aux voleurs et aux criminels en col blanc

Edwin Sutherland a ainsi montré que la criminalité de deux catégories d'individus radicalement différents (l'homme d'affaires et le voleur professionnel) obéit au même processus d'associations différentielles.

114.

Aucune case

Cette formule est extraite de l'ouvrage d'Edwin Sutherland intitulé *Principes de criminologie*.

115.

c. les renforcements différentiels

Dans un livre publié en 1994 (*Criminological Theories: Introduction and Evaluation*), Ronald Akers explique que les comportements criminels procèdent de « renforcements différentiels » : la probabilité qu'un acte délictueux soit commis dépend pour le sociologue d'un bilan anticipé coût-avantage, de la balance des récompenses et des punitions. En d'autres termes, le risque de réitération de l'acte déviant est d'autant plus élevé que ce type de comportement a déjà profité à son auteur qui n'a, en outre, pas été puni.

116.

b. dérive

David Matza est né le 1er mai 1930 à New York. Docteur en sociologie de l'université de Princeton, il est professeur émérite de l'université de Californie. Ces principaux ouvrages sont *Delinquency and Drift* (1964) et *Bccoming Deviant* (1969). Comme Becker et Lemert, Matza fait partie de la *Neo Chicagoan School*. Contrairement à certains de ses collègues, il récuse l'idée que les groupes délinquants relèvent d'une sous-culture spécifique. Ce sociologue – qui ne propose pas de théorie générale du crime – considère que le processus criminel, chez les adolescents, résulte de ce qu'il appelle la dérive (*the drift*) – laquelle se manifeste par les techniques de neutralisation de la norme (excuses, justifications, circonstances atténuantes, etc.) qu'il tient de la fréquentation de ses pairs, autrement dit de l'apprentissage.

117.

c. déni de légitimité

Pour Matza, la dérive délinquante s'explique par l'apprentissage graduel de techniques de neutralisation des interdits. Le sociologue a décrit les dénis, appris auprès de l'entourage délinquant, qui permettent de surmonter les inhibitions : le déni de légitimité des institutions, le déni de responsabilité (l'individu s'excuse en accusant les déficits affectifs, l'échec scolaire, la démission parentale, les mauvaises influences amicales, etc.), le déni de la victime (qui serait fautive), le déni du dommage (qui serait insignifiant voire inexistant) et le déni d'immoralité (la transgression des normes résulte « non du rejet de celles-ci mais de la préférence accordée au respect d'autres normes, qui sont jugées plus pressantes ou paraissent exiger un loyalisme de degré supérieur » [Matza]).

118.

a. oui

Matza explique en effet que le comportement criminel résulte de la conjonction d'un « apprentissage délinquant » et de la multiplication des contacts avec le milieu judiciaire : « Plus un individu est en contact avec une institution chargée de faire appliquer la loi, plus il est en position de minimiser la force morale de la loi. C'est pourquoi le processus de neutralisation est tissé dans la trame du système légal lui-même » (*Delinquency and Drift*).

119.

b. Franck Tannenbaum

Dans un ouvrage qu'il publie en 1938 sous le titre *The Dramatization of Evil*, ce sociologue américain explique que la plupart des adolescents recherchent la transgression. Mais il note que la société applique à certains d'entre eux seulement l'estampille de la malveillance irrécupérable. Or, Tannenbaum considère que, en procédant ainsi à la dramatisation de « leur mal », la société confère à ces délinquants le rôle social dans lequel ils finissent, le cas échéant, par se complaire.

120.

a. vrai

Pour la criminologie de la réaction sociale (également appelée « criminologie radicale », « nouvelle criminologie », etc.), la délinquance s'apparente à un statut, à un rôle d'abord imposé à l'acteur auquel il finit, le cas échéant, par s'identifier : « L'interaction qui se noue entre les individus soupçonnés à tort ou à raison d'avoir commis un acte déviant et les personnes, groupes ou institutions officielles (police, tribunaux), qui réagissent à ces comportements vrais ou supposés, crée un statut social de délinquant et entraîne la réorganisation de la personnalité de ces individus en fonction de ce rôle nouveau de déviant qui leur est assigné » (Becker).

121.

b. Maurice Cusson

Une grande partie de la doctrine fustige ainsi cette approche constructiviste selon laquelle le crime serait un phénomène collectif contingent – de sorte que les modalités de l'acte délinquant, pas plus que les qualités de son auteur (notamment sa personnalité), n'auraient d'intérêt.

122.

b. déviance secondaire

Pour Lemert (1912-1996), la délinquance est le produit de l'interaction entre un homme et son milieu de référence. Contrairement aux « extrémistes » de la criminologie critique, Lemert considérait que la déviance primaire procède d'une conjonction de facteurs sociaux, psychologiques, physiologiques, culturels, etc. — lesquels amorcent un processus de marquage social de l'individu. Le sociologue américain estimait en revanche que la déviance secondaire est affaire de stigmatisation préalable : désigné socialement comme déviant à l'occasion d'une première transgression, l'individu finit par se conformer à l'étiquette qui lui est accolée et, en réaction, accentue même sa déviance — ce qui correspond à la déviance secondaire.

123.

c. Howard Becker

Cette citation est extraite d'un ouvrage intitulé *Outsiders* — soit l'un des livres fondateurs de la « *labelling theory* ». Dans cet ouvrage, l'ancien pianiste de jazz que fut Becker explique que la déviance ne s'entend pas seulement de la définition statique d'un type de comportement prohibé par ceux qu'il appelle les « entrepreneurs de morale » ; elle prend corps au gré d'un échange interactif dynamique, et consiste dans une opération dialectique d'étiquetage du déviant : « La déviance est une propriété non du comportement lui-même, mais de l'interaction entre la personne qui commet l'acte et celles qui réagissent à cet acte » (Becker).

124.

a. vrai

D'après Becker, la conduite de chacun est tributaire d'enjeux qui feraient office d'entrave à la déviance, l'individu préférant conserver tel avantage, telle situation satisfactoire plutôt que de prendre le risque de la perdre, en succombant à une pulsion déviante. Les conséquences fâcheuses de l'infraction constitueraient un repoussoir.

Pour le sociologue américain, les personnes que la tentation déviante taraude résistent à cet engouement quand leur engagement social (que Becker appelle le *commitment*) est fort.

125.

a. vrai

L'étiquetage provoquerait la marginalisation de l'individu qui finirait par se conformer à l'image dépréciative que lui renvoie la société – ce qui fait dire à Howard Becker que « ce ne sont pas les motivations déviantes qui conduisent au comportement déviant, mais à l'inverse, c'est le comportement déviant qui produit au fil du temps la motivation déviante ».

Table des matières

Dans la même collection

- *Introduction au droit en QCM*, par P. Vannier
- *La criminologie en QCM*, par É. Mathias
- *Le contentieux administratif en QCM*, par F. Biglione et O. Guillaumont
- *Le droit administratif en QCM*, par J.-F. Boudet
- *Le droit des biens en QCM*, par B. Belloir-Caux
- *Le droit commercial en QCM*, par M.-H. Maleville-Costedoat
- *Le droit constitutionnel en QCM*, par P. Jan
- *Le droit des contrats spéciaux en QCM*, par A. Braud
- *Le droit du crédit en QCM*, par S. Sabathier
- *Le droit de la famille en QCM*, par P. Vannier
- *Le droit fiscal général en QCM*, par A. Lefeuvre
- *Le droit de la fonction publique en QCM*, par F. Biglione et O. Guillaumont
- *Le droit international privé en QCM*, par M. Attal
- *Le droit judiciaire privé en QCM*, par O. Staes
- *Le droit international public en QCM*, par J.-Cl. Zarka
- *Le droit des obligations en QCM*, par A. Braud
- *Le droit pénal en QCM*, par É. Mathias
- *Le droit des personnes en QCM*, par P. Vannier
- *Le droit de la propriété intellectuelle en QCM*, par S. Alma-Delettre
- *Le droit des sociétés en QCM*, par A. Braud et S. Henneron
- *Le droit du travail en QCM*, par D. Serio et D. Hennebelle
- *Les finances publiques en QCM*, par J.-F. Forestier
- *L'histoire constitutionnelle française depuis 1789 en QCM*, par S. Velley
- *L'histoire des idées politiques en QCM*, par M.-H. Renaut
- *Les institutions administratives en QCM*, par P. Jan
- *Les institutions françaises de 476 à 1789 en QCM*, par R. Lavoux
- *Les institutions internationales en QCM*, par J.-Cl. Zarka
- *Les institutions juridictionnelles en QCM*, par J.-P. Scarano, D. Roux et F. Serras-Béraud
- *Les libertés et droits fondamentaux en QCM*, par J. Fialaire et É. Mondielli
- *La procédure pénale en QCM*, par É. Mathias
- *Les procédures collectives en QCM*, par M.-A. Rakotovahiny
- *Les relations internationales en QCM*, par J.-Cl. Zarka
- *Le vocabulaire juridique en QCM*, par M.-H. Maleville-Costedoat

Cet ouvrage a été achevé d'imprimer en octobre 2011
dans les ateliers de Normandie Roto Impression s.a.s.
61250 Lonrai (Orne)
N° d'impression : 113775
Dépôt légal : octobre 2011

Imprimé en France